U0149096

虛幻的王國

唐　力　著

詩　藝　叢　刊

文史哲出版社印行

國家圖書館出版品預行編目資料

虛幻的王國 / 唐力著. -- 初版 -- 臺北市：文
史哲，民 105.11
　　頁；　　公分（詩藝叢刊；6）
　　ISBN 978-986-314-345-1（平裝）

851.486　　　　　　　　　　　　105022147

詩 藝 叢 刊　　6

虛 幻 的 王 國

著　　者：唐　　　　　　　　　力
出 版 者：文　史　哲　出　版　社
　　　　　http://www.lapen.com.tw
　　　　　e-mail：lapen@ms74.hinet.net
登記證字號：行政院新聞局版臺業字五三三七號
發 行 人：彭　　　正　　　雄
發 行 所：文　史　哲　出　版　社
印 刷 者：文　史　哲　出　版　社
　　　　　臺北市羅斯福路一段七十二巷四號
　　　　　郵政劃撥帳號：一六一八〇一七五
　　　　　電話886-2-23511028・傳真886-2-23965656

定價新臺幣二二〇元

2016 年（民一〇五）十一月初版

虛幻的王國

目　次

作者簡介：

　　唐力，詩人，1970年11月生。中國作家協會會員。2006年~2015年任《詩刊》編輯。作品發表在《詩刊》《人民文學》《十月》《星星》等刊，入選各種選本。2005年參加《詩刊》第21屆“青春詩會”。著有詩集《大地之弦》（入選2010年21世紀文學之星叢書）、《向後飛翔》，曾獲重慶文學獎、首屆何其芳詩歌獎、第三屆徐志摩詩歌獎、儲吉旺文學獎·優秀獎等。

第一輯　鏡子的裂縫

葡　萄

在園子裏的葡萄架下
枝葉交疊之中
在眾多的葡萄之中
我看到唯一的那顆葡萄，紫色的絕望
沾滿了晶瑩欲滴的露水，清晨的露水

蟲 鳴

天還沒有放明，大雨還在繼續
蟲子拖著長長的聲音
嘶嘶鳴叫，仿佛是一把無形的、痛苦的鋸子
反復地切割著雨絲。雨絲斷而復連
無言地縫合著虛空的事物
蟲鳴悠長、執著
我不知道它的鳴叫，是悲，是喜
對於即將開啓的世界，是詛咒，還是讚美

傍　晚

傍晚，我們坐著一輛車子
從鄉下回來
兩旁的田野，開滿了燦爛的
油菜花，有如希望的黃金，鋪滿一地

車子的後面，拖著一股長長的泥灰
模糊而骯髒，有如生活本身、謊言本身

鳥　鳴

鳥鳴叫醒了我的窗户

線條、邊框、方格，內在的秩序醒來

窗花激動，養育自身的美

光線透窗而入

世界歷歷在目。房間裏，夢、愛與寧靜

全都浮動在明淨空間裏

當一人

當一人在地獄裏沉淪
他需要的，不是天堂壯麗的幻景
在眼睛中展開
而是拯救的繩索，哪怕是一根細細的
蛛絲，垂落在他的手中

青青草

青青的草啊
我的心如石盤

清清的井水啊
白白流淌

2014 年 8 月某日，夢中得句，醒來，只記起四句

落　日

落日，一頭衰老的獅子

從平原上踱步而來

印在沙地上的步履

柔軟、輕浮，早已失去了往日的力度

熱量，也在它虛弱的身子裏

漸漸消散

只有黑暗，像老年的氣息，逐漸彌漫在空氣中

搖晃的草尖之上

它垂下頭顱，它的鬃毛

披散成晚霞

它渴，它低著頭

飲著長長的地平線，它啜飲著

　—— 那延伸到無窮遠處的，無盡的虛空

落　葉

我是一個垂暮老人
坐在公園裏，拄著遺忘的拐杖
我已不知來路，亦不知去路
我歎息
我的歎息是落葉
無數落葉，每一片都是故鄉
但我回不到故鄉，回不到一片落葉裏
甚至回不到一聲歎息裏

但　丁

但丁突然來到地獄裏
所有的人：傲慢者、忌妒者、憤怒者
怠惰者、貪財者、貪食者、貪色者、阿諛者
離間者、偽造者、謀殺者、背叛者……
全都投擲他，以黑風、以冰雹、以石頭
以火焰、以沸油、以淚水
他們以為：砸死但丁
他們身上的罪惡與懲罰，都將消失

指　頭

有人，在指頭裏豢養著斧頭、匕首

有人，在指頭裏豢養著青菜

有人，在指頭裏豢養著呼嘯的大風

有人，在指頭裏豢養著烈火

有人，在指頭裏豢養著一頭咆哮的猛虎

有人，在指頭裏豢養著權力的公章

而有人，用一根斷指

豢養著一個時代的，小小的憂傷

鏡子的裂縫

一張呈現在鏡子裏的臉，光潔、明亮
唯有那鏡子的裂縫
洩露出他那難以言傳、無以名狀的悲哀

你看如何

把一匹馬養在高跟鞋裏，你看如何
把惡養在一把斧子裏，或者
相反，把斧子養在惡裏，你看如何
把痛苦養在傷口裏，你看如何
把生的啼哭養在帶血的臍帶裏，你看如何
天，天啊，把天養在空空的空裏，你看如何
把時間養在皺紋的柵欄裏，你看如何
把死亡養在墓碑裏，你看如何
把墓碑養在身體裏，一生跟隨
永不相離，你看如何
把淚養在眼裏，把失明的大海
養在黎明的眼眶裏，你看如何

自我審判

他讓呼嚕聲一圈一圈地捆住自己
赤裸地
呈現在這個世界，莊嚴的臺燈面前

舊　雪

一堆舊雪，躺在牆根下
一個舊時光的孤證。無言、消瘦
不斷縮小。它在抗爭中，一點點地
失去自己。而今它
退守一隅。渾身打滿補丁
就像我們的靈魂，早已千瘡百孔

林中空地

我步入一座森林中的空地。
高大的樹木，枝葉交映，形成一個
弧形的穹頂，一個自在的宇宙
光與影在頭頂交錯
斑駁、流離
像迷夢之中的迷夢
相中之相。空明在凝聚
我孤身一人，無人與我相伴
野獸也失去了蹤跡
道路在我的身後消失
倒伏的雜草，稀稀疏疏，像一些
欲言又止的詞語。四周
雜拉著矮小的灌木，它們是一些
侏儒，隱藏著時間的秘密
一切都在靜止
只有高樹上的鳥鳴
讓這塊空地，生動了不少
陽光從樹梢上灑下
鳥鳴、光斑，相互混雜
我分不清，那是光斑，那是鳥鳴
我置身其中，不辨所以

敬亭山小坐

我只想陪這些草木坐一會兒
草木搖曳，入我之心

我只想陪這些暮色坐一會兒
暮色點染，塗抹我衣

我只想陪這些石頭坐一會兒
石頭談心，印入我身

我只想陪這些流水坐一會兒
流水如洗，滌我俗塵

我只想陪這些鳥兒坐一會兒
鳥兒突飛，贈我空無

我只想陪李白的詩歌坐一會兒
詞語淵默，遺我巨雷

　　—— 哦，世界
我只想陪孤寂小坐一會兒

孤寂如我，相看兩忘 ——

《江雪》新譯

一千座山峰

將飛鳥的翅膀，歸還天空

歸還高處的風，和風之上的空

一萬條道路

吞噬了遠行者的腳步

並在白雪之下，它用暗黑的胃

將其消化

最終飛雪覆蓋了飛雪

道路消化了道路

一個孤獨的老人

從自己的血管中，抽出一條魚線

放在寒冷的江中

他用一顆孤寂的心，用一個

衰朽的身體，在時空之中

拉緊這條細線

與一條封凍的江河

拔河

呼　嚕

在一條大道的邊上，他睡著
在灰暗的被子下，滿是汗味的身體上
他的呼嚕聲響起
那是他身下整個土地也按捺不住
整個世界也無法控制住的，控訴的聲音
在他完全不知情的時候響起
帶著辛酸的唾沫，急促、無奈，又暗含悲哀

與書同眠

與書同眠，我有著深深的恐懼
書本會不會在黑暗中
打開我的身體
把那些無用的文字，塞在我的骨縫裏？

像磷火，在幽暗之中閃著寒光

黑　貓

在我們做愛的時候
黑貓在對面的屋脊上行走

它淒厲的叫聲
直接將兩具歡愛的肉體，叫成枯骨

修剪術：眞理之舌

他是一個擅長修剪術的人
他擁有難以言傳的技藝、出神入化的技藝
他以尖細的剪刀
修剪真理之舌
他細緻入微，巧妙修剪味蕾
讓舌頭永遠感覺
甜蜜。更重要的是
他以強力的剪刀，修剪舌形
不斷地使之趨向完美
使之弧度優雅
使之舌質柔軟，纖細
再也無法撬動時代沉重的磨盤

白菜之心

一顆素潔的心
一顆帶露之心
一顆層層包裹，心中之心

我拿著它，我惴惴不安
不敢放下
我要把這心
安放在誰的胸膛？

午夜雷霆

偌大的天空
只剩下一個孤傲的靈魂
在高處
滾來滾去

世　界

厚厚的，滿是塵埃的
窗簾，把我和外面的世界隔開
我知道：
外面的世界早已病入膏肓，氣息奄奄
霧霾塞滿了它粗糙的
肺部，它濃重的嗆咳，就是悶雷
夾雜著閃電的血絲
它河流的脈管，早已淤塞，泥沙、垃圾
臭死的魚蝦，如同愚蠢的意志
隨處可見。它山峰的頭顱，樹木、藤蔓絕失
荒蕪，就像一個中年人的禿頂
亮出它發亮的尷尬……
外面的世界早已病重，臥床不起
它無力起身 ——
去吞服那粒夕陽的藥丸
但我依然不想
拉開窗簾，去探望這個巨大的病人
我甚至不想給它帶去安慰
只願它在巨大的孤獨與羞恥之中
痛苦地死去 ——

蒼　鷺

那只蒼鷺降落在
水田中。我只能看著，遠遠地
在一個鄉下的傍晚
我不能走進它
我和它隔著一段距離
隔著美和時光
它站在水田裏，注視水面
小蝦、小魚一旦出現
它的喙迅疾地突破水面
明淨的沉默
將其叼起，然後吞咽
就如同一個人的勞動，俯視紙面
一個最終的詞語，被固定
一個飄忽的靈感，在擴展的
思緒的波紋中，被捕捉
一縷光線，被打撈
我看到它，長喙輕輕在水上劃動
在靜靜的時光中
水田隨著它的喙而移動

夜　露

在夜晚回來，我緩步慢行
幾顆夜露
在路邊的草尖上，閃爍不定
被我驟然看見。仿佛
有輕盈的翅膀，在扇動
卻又無法飛去。暗夜的靈魂
清淨圓融，有著自在的光芒
夜色無邊，繁星不在
涼意悄然浸透了我的衣衫
夜露僅僅幾顆
但對於孤獨的我來說
它們的安慰，已經足夠

第二輯　蝸牛與紙馬

紙　馬

1

一把剪刀，裁開白紙的肌膚。線條

沿著刀鋒延伸

以傷害作為雕琢的藝術，以痛苦鑄形

馬頭凸現，腹部曲線流暢，四肢勁健，馬尾飄拂

一匹馬在刀鋒中誕生

白紙：白色的夜

紛紛掉落，在腳下堆積，薄薄的死亡

但馬並未復活，它缺少一個詞，作為靈魂

2

在一張紙上，馬要復活

誰以一滴晶瑩的淚水，作為馬的眼睛？

3

紙馬奔跑。馬頭，從深淵中升起

從利刃的邊緣

從死亡的紙屑中升起，如同
一個詞語從廢棄的典籍中，破紙而出
它獲取了自身，如同衣衫襤褸的先知，向世界袒露
永不磨滅的箴言。但紙馬的奔跑是虛幻的

它飄揚的長鬃如風，是虛幻的
它流暢的腰身，起伏如山巒，是虛幻的
它四蹄的擊打如雨點，是虛幻的
虛幻如閃電，虛幻如霧
如霧中的景象，虛幻如虛幻本身

紙馬奔跑，而它的蹄聲不在此處
而在一個遙遠的、空無的墳墓中響起

　　　4
詞語在紙面之上，猶如浪花在大海之上
而大海的力量穿透紙面
波動詞語，讓它們發出沉默之音
剪刀順勢前行，猶如艦艇，剪開波浪 ——
它可以剪碎詞語，但無法消滅詞語
如同烈火可以燒掉竹簡、紙張
而真實，終會從灰燼之中升起

此時紙馬在利刃上奔跑，它的蹄聲

被劈為兩半，紛披而下，叮叮噹當，墜地為詞

　　5
紙馬在現實之中是虛幻的
在夢境之中是真實的。如同你醒來
不再是夢中自己。或者相反，是夢中自己
借用你存在的身體，生活在現實之中
你活著，無數的你也活著
你無從知道，那一個更真實
如同無數的紙馬，彼此成為自己

你死去，無數的自己無所歸依，流落無處
自己成為自己的孤島

　　6
紙馬一旦奔馳，誰也無法阻攔
馬頭已沖出紙張
鬃毛嘯風，詞語紛紛飄散，如彗星掠過
它的雜逐有力的蹄聲，已在紙張之外
它一步一個方格，通向思想之外，虛無的世界之外
誰也無法攔住，奔跑的紙馬；誰也無法攔住，詞語之馬
它唇邊的韁繩，就是律法

當紙馬奔跑，如風而去。韁繩筆直，就是

通向未來的道路，或者，時代的鎖鏈

7

高原之上，懸崖邊緣，落日熔金
一匹馬站立，高昂頭顱，四蹄緊緊抓住
堅硬的岩石。風，是它的騎手
在馬背上激蕩、翻卷、搖晃、身姿飄忽不定
而它的脖子上，流出的汗，殷紅如血

而紙馬奔騰：它的蹄音無聲無息，被
木材的纖維悄然吸附。我們無法看到它的奔走
在時間的線條中，在歷史的冊頁裏
在深處的深處，在幽暗之地
它流出的汗是黑色的
　—— 真理之墨，黝黑而沉實

8

大地沉沉，月光跪下。一匹紙馬
棄置于田野，它的整個身體，充滿寂靜

　—— 它等待蹄聲，把它喚醒

9

在寂滅的火光之中，在沉默的灰燼之中

它收集亡靈，作為它的騎手

在淚與笑之間，肉體太重，它無從負擔
在生與死之間，靈魂太輕，它無從感知

它捨棄肉體，直取靈魂 ——

馱著無數的亡靈
在火光之中，它奔走在赴死的路上

　　10
在記憶之處，無從記憶
在遺忘之地，難以遺忘

　　11
它將死於火。紙馬，對於火
有一種天生的恐懼。這是它古老的宿命
古老的詛咒，深刻於纖維深處
在火中，它的形體灰飛煙滅
但那以沉默的線條，勾勒出的，馬的形狀
仍然在火光中奔跑
快看啊，火與絕望，就跟在馬尾之後
構成了一簇炸開的，全新的馬尾

直至沉寂。 —— 生命的全部，都是灰燼

12

如同小馬，它涉過命運之河：
灰色的河流，暗黑的河流。亡靈失足落水
瞬間消失不見
它的痛苦無以言表。它看到了自己的
形體，在時間中慢慢融解：馬蹄、四肢、肚腹
馬尾、馬頭、馬鬃，都在消失，都在背叛
肉體已不再忠誠
（在這個世界上，連自己本身，都難以依靠）
水聲嘩嘩，已將它的蹄聲稀釋
它在死亡之中，看見了自己的死亡

13

它經過月亮。它用身體
裹住月亮
月亮成為了它的新娘。悲傷的新娘

它經過閃電。它抽取閃電
作為肋骨
擂鼓的肋骨，萬物齊鳴。天空頓時喑啞

14

你撕碎了我的馬
留下了孤單的魂

蝸　牛

1

它在牆上出現。水泥的牆上
猶如過去的時光。
洗衣機在廚房轟響，水缸反復迴旋
日常生活的漩渦。它不為所動
緩緩爬行，一條若隱若現的道路
無法看見。一抹夕光
打在牆上，呈現出燦爛的黃金。
它曾在上面寫下永恆的言辭
卻消失不見，牆上空餘一個句號。

2

孤獨是與生俱來的
殼。一旦觸動
觸角退縮。自我的靈魂
羞澀的靈魂
退守一隅。一種尺度
自成一個宇宙。多少年前

我在一個土坡上緩慢
爬行。一個孤獨的少年，沉默
無人可以訴說，也不知要訴說什麼
我在山岡上弓身坐著
暮色堆積在
我的身上，像一個暗色的殼

一個夜晚，星群在天上喧囂
我在山岡上，把黑暗和孤獨背在
身上，至今
無法放下

3

有一天，我在一個傍晚
在暮色中吃驚地發現，對面
一座墳墓在動
在緩緩地動
像一隻蝸牛一樣緩緩地動
墓碑上的荒草，像蝸牛的觸角
向外探尋一般晃動
（死亡是上面細小的眼睛）
向我的面孔，打著招呼

我吃驚不小，在暮色中不能自已

4

蝸牛爬過。

一個公雞高昂的頭顱，被扭過
脖子彎曲，一團火焰
還在喉嚨燃燒。一把刀子的閃電劃過
一支紅色的小箭，直射入
一隻盛滿清水的碗，瞬間泗散

一條嚎叫的豬，果斷地
沖過菜地。最終被幾個
鄉間的壯勞力，捉回，縛在
早已卸下的門板上，擺在院壩裏
粗壯地喘息，口中的白沫懸地

一隻綿羊，把白雲穿在身上
一隻混跡大地的雲朵
最終引人懷疑，它被懸掛在架上
人們用烈火烘烤
希圖得到天上的消息

這個時刻，是嚴重的時刻。旗幟
在風暴的翻卷中回到自身*
一隻蝸牛爬過

像死亡，留下淡淡的痕跡

　　5

我突然想起一條母牛

痛苦的叫聲：哞、哞；哞、哞

最終聲音藏在一張曬乾的，失去了血色的

皮中。在敲打中

突然從他的手指中，傳出

痛苦的聲音，即使肌肉也無

骨頭也無，淚水也無，血液無

甚至氣息也無，靈魂無，它也

永不消逝，永難消逝

　　6

我曾經聆聽一隻海螺，濤聲

九曲回環，回蕩不絕 —— 它囚禁了自由的波濤……

但我聆聽蝸牛，卻是毫無聲息

背上的螺殼

宛如寂靜的形狀，宛如命運的形狀

宛如沉船激起的漩渦的形狀

我一無所聞

7

慢如挽歌，在送葬的隊伍中
慢如悲泣，在淚水永遠的滴落中
慢如絕望，在顏色的轉變中
慢如文火，在藥罐之下，在病痛之間
慢如灰燼，在火星的寂滅中
慢如黑夜，在黎明的到來之前
慢如還鄉，在火車的飛速運轉中
慢如愚笨，在充滿睿智的時代之中
慢如時間，在不斷的疊加之中
慢如恐懼，在螺殼的堅固中，一擊而碎
慢如永恆，在虛無之中
慢如蝸牛，在生命的鏡子中

8

它正爬行在白菜緊緊包裹的
葉片裏，秘密的旅行
不會遠遊，寄身於窄小的空間裏
一條簡單的道路，指向中心
它的未來，指向過去
它的痛苦，指向愛
它的存在，指向循環往復的磨難
它飲著殘露，它小心翼翼地噬咬
我撕下一片菜葉

它的道路突然斷裂，仿佛
一個人被異鄉突然抖落
它從虛幻的、自足的世界突然掉入
現實堅硬的水泥地上

9

它或突然出現在日光燈下
等待盲目的命運
它或突然出現垃圾桶的邊沿
不以為恥，就如出現在這個時代的
邊緣，一如緩慢地行走在速度的邊緣
它或突然出現在牆壁上
空餘螺殼，它的肉體不知去向
它或突然出現在地板上，帶著
一顆執著的心，抗拒著
腳掌的壓力。它隨時會消失
死與生，愛與恨，近如蝸牛的
兩隻觸角的距離

10

一棵白菜躺在菜板上，我
一刀揮下，菜葉分開
一隻躲藏的蝸牛，切成兩半
同時切下的，還有我的一小塊手指

我的手指：曾經將它的螺殼捏碎

曾經將它從泥牆上摘下，扔向空中

讓伸長脖子的雞鴨一口

吞食；曾經劃亮殘暴的火焰，燒灼

它敏感的觸角……而此時，我的血液

和它的血液，混合在一起

無辜者的血液和施暴者的血液

最終合二為一，無法分開

　　11

一種精緻的存在。

它的觸角，用痛苦裝飾痛楚

用絕望裝飾希望

它的腹足時隱時現

它依靠黏液而行，它用遺忘

消化過去。而它的未來依然成謎

它用無盡的困惑，消滅不惑

它的心臟若有若無，而它的意志

自製的堅持，讓人無可奈何

它的沉睡是透明的，它在夢中做夢

它懂得如何自我寬慰

　　12

它背負著沉重的落日，走向

黑暗的地平線

遲疑的光線，交織、纏繞

一個圓環，不會滾動、不會旋轉

一個童年的盟誓，被無名的火

烙印在背上；一個在風中無法打開的

命運的死結。它背負另一個自己

那是它要抵達的自己：它永難如願

空中的雷霆追趕雷霆

它被自己追趕。它擁有一身抱負

卻趨向於虛無。厭倦而疲憊

它緩慢地行走在永遠的逃亡路上

　　　注：里爾克："我認出了風暴而激動如大海？
　　　　　我舒展開又跌回我自己"。

與蝸牛同行

在一個快速的年代，堅持做一個
緩慢的人，緩慢地
看風的吹拂，看雲的聚散
看露水的凝結，看花朵一瓣一瓣地
打開自己，讓花香一點點地
映入人的衣衫

在一個睿智的時代，堅持做一個
愚笨的人，在一個腦筋急轉彎的時代
堅持做一個轉不過彎的人，堅持
不在唇上塗抹彩霞
堅持不在舌頭上，綻放蓮花
不去做一條蛔蟲，活在別人的肚腹裏
捉摸不定的未來，我不用提前預知
迎面而來的命運，我願坦然承受

在一個繁複的年代，堅持做一個
簡單的人，給眼睛，留一滴清泉

給心靈，留一點純潔
給一頁紙張，留下一點空白
就如給一個孩子，留下一份純真
就如給夜晚，留下單純的夜色

在一個高速的年代，堅持做一個
緩步而行的人，看身邊滾滾的車流
風馳電掣；看繽紛的欲望
疾速狂奔。一個緩步而行的人
不為所動，他找到了自己
就如蝸牛一樣，慢慢地"消化過去"
他與他的靈魂同行

是的，在這樣一個時代
一個人需要勇氣，才可能與蝸牛同行

瑤溪聽蛙

1

回憶起瑤溪的一夜，雨聲淅瀝如往事
我們在路邊的小攤喝酒
啤酒瓶散亂，遠處
蛙聲如雨，我、柯平、藍野、慕白
舉起一碗蛙聲，一飲而盡

2

我立刻感覺到，全部的蛙聲
在我體內集合成一隻青蛙
順著我的脈管
蹦跳前行。在關節處，巍然而踞
鼓著明亮的雙眼
照看著我內在的溪流

3

沿溪而行，瑤溪通向遙遠
淙淙的流水，恍惚的影子
我已經記不起

誰與我同行，誰與我高談闊論
只記得我們突然住聲
相互無言，只感覺
我們之間，隔著著厚厚的蛙鳴

4
我們在溪邊坐下
溪水跳珠而去，水珠覆蓋水珠
如秘密相互隱藏
　── 我們不會說破它們
夜色如幕，我們突然感到孤單
蛙聲將我們擠壓得靠近了一些

5
我右手摸到的，河邊的石頭
圓潤，光滑，如一句蛙鳴

6
我想起了齊白石的一幅畫作
點點蝌蚪遊弋
十裏蛙聲，自筆墨處
自潔白的宣紙的邊緣，湧出
我想起了瑤溪，蛙聲從夜色的邊緣湧出

7

有人從瑤溪深處出來
有人從夜色深處出來，渾身沾滿了墨水
袖口上的墨，眼睛中的墨
都是心頭之墨，如同所有的傷
都是心頭之傷
他振一振衣衫，蛙聲如墨
滴瀝而下，在夜色中，流入瑤溪而去

8

青蛙潛藏在瑤溪的底部
我們看不見它們
我們只聽見它們的聲音，它們的聲音
遮蔽了整個世界。讓我們疑惑
蛙聲之外的世界，還是同一個世界？
蛙聲如幕，在這兩重的世界中
我們和自己相對，恍如隔世

紙馬（二）

我騎著一匹紙馬出門
紙做的馬，一顆文字的心
輕微的跳動，仿佛
就要擊破紙做的身體

我騎著一匹紙馬出門
走在大街上，緩步而行
邁著方格的腳步
大道上，車流滾滾，寶馬

在我身後，鳴動著庸俗的喇叭
就像一個貴婦，一張口
露出她的淺薄 —— 淺薄餵養著她
就如金錢餵養著世界

我的紙馬，報以一陣
嘶鳴，震耳欲聾，卻又淵默如雷
不是每個人都能聽到，除非

你在耳朵裏，點亮燈盞

我騎著一匹紙馬出門
從樓群的隙縫中
投下的夕陽之光 ── 神性的一瞥
照亮了紙馬，照亮了我

我騎著一匹紙馬出門
路人紛紛側目
他們要用詛咒和唾沫
淹死我的馬 ──

我騎著一匹紙馬出門
我忐忑，心懷不安
害怕時代的大風，一下
把它刮起，不知所終 ──

而我，將也不知，身在何處
天空浩茫。群星閃爍
如心的碎裂
騎著紙馬出門是危險的 ──

穿牆術

1

我是一個悲哀的穿牆的人

有時我一穿而過，牆一無所有
仿佛根本不存在，一穿而過
進入另一個世界，亦無人煙，亦無上帝
只剩下空空蕩蕩的我
無依無靠，只有悲哀的風
撲擊我的悲哀的雙眼

2

我是一個悲哀的穿牆的人

有時我沉溺在牆中，不能自拔
一再地深入，深入，牆
仿佛深不見底的深淵，仿佛陷入
虛空而無用的情欲

3

我是一個悲哀的穿牆的人

有時我與牆融入一體
分散在每一塊磚、每一粒泥土中
牆體散發出
無望的氣息，但你永遠
無法觸摸到我悲哀的心

4

我是一個悲哀的穿牆的人

有時我穿過了牆，卻帶走了一段牆
讓一個世界，留下缺口
讓所有的人，穿牆而出
讓這個世界，立即潰敗，分崩離析
讓另一個世界，漏洞始出，留下
難以復原的痛苦

5

我是一個悲哀的穿牆的人

有時我穿過了牆，卻帶走了
整個的牆。一個世界與另一個世界

再沒有界限，它們完全融合
這，是不是更是一種悲哀

　　6
我是一個悲哀的穿牆的人

有時我穿過了牆，牆也
穿過了我的身體
有時我穿過了牆，牆卻留在
我的身體裏：一塊磚，一塊礫石
一團灰漿。讓我無法分清
我的身體是牆，或是牆是我的身體

　　7
我是一個悲哀的穿牆的人

有時我穿牆而過，卻進入了
另一個人的夢境
對其中的絢爛，我無法熟視無睹

有時我穿牆而過，卻墜入另一個人的
身體，我迷失其中，不得其門而出

有時我穿牆而過，卻進入了另一個人的

痛苦。於是我全身
沾滿了他的痛苦。痛苦囚禁了我 ——

有時我穿牆而過，正好落入別人的
口中，我淹死在唾液裏

有時我穿牆而過，在另一側
剛好有一個人，久候在此，舉起大棒
給我迎頭痛擊，就像黎明的一縷光線
給逃逸的黑暗，迎頭痛擊

有時我穿牆而過，我成為了
另一個人，完全不同的人，我已非我

有時我穿牆而過，我發現
我成為了你……這非同小可
我不願意成為你，但我無能為力

有時我穿牆而過，我再也無法
找到路徑、找到方法、找到符咒
甚至無法找到牆
（牆已消失不見），用以回來

8

我是一個悲哀的穿牆的人

我反復穿牆，穿牆，穿牆
就像一個人，做愛，做愛，做愛
要穿過一個人的身體，卻總是徒勞 ——
在亢奮中衝動，在衝動中疲軟
在疲軟中萎靡，在萎靡中迎來
不可抑止的空虛，他癱倒在牆邊……

9

我是一個悲哀的穿牆的人

我學藝不精，淺嘗輒止
我只知其一，不知其二，“其”就是
就是一堵厚厚的牆
我的老師，悲哀地看著我
憐憫地看著我
古老的譏誚，浮現在他嘴角

10

我是一個悲哀的穿牆的人

有時我穿牆，想進入一個顯赫的庭院

卻把一隻腿

卡在了牆上，掙脫不得

暴露在眾人驚奇的目光裏

有時我穿牆，只過去了一個面孔

於是一個蒼白的面孔

浮現在牆上 —— 仿佛是牆，有了面孔

有時我穿牆，剛剛邁出一隻腳

卻無意絆倒了另一個人

在此，我表示歉意！

而有時穿牆，剛剛伸出一個手指

立即被人剁掉……

有時我穿牆，肉體越過了

靈魂卻卡在牆裏……

    11

我是一個悲哀的穿牆的人

有時我穿牆，法術失靈

我以頭撞牆，鼻青臉腫

我以頭撞牆，焦頭爛額

我以頭撞牆，頭破血流

我頭撞南牆，卻毀壞了北牆

我頭撞東牆，卻毀壞了西牆

但我九牛不回，只認准一個方向 ──
哦，生活的撞牆術，我無師自通

12
我是一個悲哀的穿牆的人

哦，欲望之牆
哦，痛苦之牆
哦，情欲之牆
哦，絕望之牆
哦，命運之牆
哦，時間之牆
哦，生活之牆
哦，哦……
我們每一個人，都是穿牆者
都是悲哀的穿牆者

一隻鳥要把它的死，藏在哪兒呢

一隻鳥，要把它的死
藏在哪兒呢？

藏在一棵大樹裏？
而大樹已從森林裏走失

藏在鳥窩裏？
而鳥窩已在雨水中腐爛

藏在閃電裏？
而閃電的骨頭已經滅失

藏在雷霆裏？
而雷霆已做了聲音的墳墓

藏在骯髒的狗嘴裏？
而狗嘴裏已塞滿了羽毛和象牙

藏在無名的黑暗裏？
而黑暗已在黎明裏漸漸消散

藏在光線裏？
而光線明亮得足夠讓人羞恥

在渺渺的天空裏
在滔滔的大河之上

一隻鳥銜著
它的死亡在飛

它慌亂、悽惶
走投無路

它要將它的死藏在哪兒呢

在黑夜裏讀書

在黑夜裏，沒有月光從空中
從遙遠的過去，從鋁合金的紗窗中
洩漏下來。也沒有雪

從大地上走到我的門前
在院裏集體躺下，明亮得足夠
映照我的書本。也沒有

一個絲囊的集中營
關押無數的螢火蟲，囚禁起
那些飛翔的光明。也沒有

一堵牆壁可以用來打穿，就像
打穿一個人的身體
洩漏出靈魂中的光，足夠映照
沉默，映照我灰暗的面孔。也沒有

岩石，在地層的深處

堅忍地叫喊
讓我閱讀的文字，心驚肉跳

在黑夜裏讀書，不用眼睛
只讓肉體和心靈
與黑暗一起坐下，一起閱讀，一起
漫無目的、無所事事地閱讀

此中的真意
寧靜知道，肉體知道
靈魂知道，黑暗知道
只有一直閱讀的人不知道

風在窗外疾走，沒有燈光
在黑夜裏讀書，書本漫無邊際
黑暗漫無邊際

眼睛裏有毒

我眼睛裏有鶴頂紅 ——
古老的毒意，新鮮的紅
白羽、丹頂、纖足。鳴聲如笛
體態優雅，它在我眼睛裏的沙灘裏
舞動。毒催動它的身體，我看你一眼
鶴飛動。我用美殺死你

我眼睛裏有鉤吻 ——
蔓延的愛意，短暫的吻
綠藤、黃花，漏斗滴下光陰的毒
風吹過眼睛，它在黑暗的水上
搖動。眼睛的吻，鐵鉤的吻，我看你
深入你的臟腑，讓你斷腸而死

我眼睛裏有相思子 ——
圓潤的思念，細小的惆悵
一顆一顆的種子，一滴一滴的相思
一寸一寸的灰心。年年春草

我看你一眼，深入你的肌膚
緩慢的毒，直到把你慢慢解體

我眼睛裏有氰化鉀 ——
濃重的恨意，細微的末
白色的晶體，溶解在我的眼光裏
我看你一眼，疾如閃電
讓你的死亡，那麼迅速，來不及告別
來不及驚訝，來不及悔悟

我眼睛裏有毒 ——
心裏有苦，詞語裏有痛
我久久地盯著你，難以釋懷
我久久地盯著未來
審視著難以捉摸的生活
愛情呀，命運呀，人生全部的毒藥

第三輯

書畫記

曹霸畫馬記

1

他終於站在了畫桌前，審視他微小的疆域

這個在路邊被奔馳的車馬濺了一臉泥水的人
這個在街角被人用墨汁淋頭的人
這個在地下通道被人折斷筆桿，拔光筆毛的人
這個在地鐵口、天橋下，在人行道上
衣衫襤褸，在寒風中瑟縮，努力掩飾自己的人
這個流落江湖，用炭精給路人畫像的人
他們全都從時間中起身，從四面八方
向他的身體匯攏過來，他是他們中的一個
也是他們的全部（多少年了，他把他不羈的靈魂
分成了一小份、一小份，分別藏在
不同的身體裏。是的，在那樣一個時代
他只能依靠分散，才能保持靈魂的完整）

2

偌大的唐朝，細若草芥的人子，四處漂流

一個廣闊的時代
無法安放他的一張畫桌
細微的紙張，在激盪的風雲之中
飄忽不定（他可能無法想到
在若干年之後，同樣沒有精神棲息的
立錐之地；一個水泥堅硬時代，同樣沒有
一顆心靈的釘子，懸掛他柔軟的畫筆）
他揮筆，就如他的先祖曹操
揮舞寶劍，縱馬馳騁
風雲聚集，烏鵲南飛，攜帶一個
孤傲的靈魂，在黑暗之中飛翔
在一個虛空的王國中
在一個想像的王國，孤獨地君臨天下
而此時，他提起筆，夜色，全部的夜色
過去、現在、未來的夜色
全都凝集在他在筆下，成為最濃重的黑
黑夜之黑，黑是白的反面
而他總是站在反面之中，站在現實反面
就如命運，總是處於紙張最薄的地方

3
馬頭高昂，在紙的上方
在濃雲的上面，集聚著光的忍耐
一口濃痰，釘在額心

成為一個時代，恥辱的印記
一個人的慘叫，從高樓上，絕望地墜入
馬嘴無邊的空洞
痛苦的刻痕，生活的傷，愁苦的眼神
困頓身體、屈辱的淚水
在馬蹄之下，成為漠漠的黃沙
俗世的白眼，窮苦、疾病一掃而去
最終他將苦難凝結為
墨塊和色澤，凝結為力量和美
生命的尊嚴在線條中醒來
傲然獨立的精神，潛藏在嶙峋的骨骼中
讓敲打的手指，炸響青銅之聲

—— 這就是命，在虛幻的紙上，畫現實的馬
他以繪畫，抵抗遺忘
當他扔下筆，馬匹就不知所終

4
在地鐵口，在人行道邊，在天橋之上
在滾滾的人流中，當我在紛亂中駐足停留
曹霸佝僂著，在我的身體中
收拾畫筆，正欲離去，而他打翻的墨汁
從我的肌膚裏溢出，彌漫成夜色

呵，馬匹踢踏，就要衝破我的肉體，絕塵而去——

米芾醉書記

亂髮蓬然，有如一顆蒼然巨石
在燃燒的夕光中，在紛然的世事中
在塵封的歷史中兀然而出
在清水中洗塵，在夢中做夢
在鏡子中磨鏡
在虛幻中尋求虛幻，現實在身外
（或許現實就是最大的虛幻），你握筆在手
慨然自望，誰是筆，誰是我？
一江如線，失事濤聲，穿筆而過

起筆，點、橫、撇
折、捺、鉤,懸腕、沉肘、揮毫
大袖向風，人生轉折。你飽蘸一泓晚霞
江山頓挫，筆意酣然
一腔淋漓的醉意，刷向紙面
風吹檔動，陣馬狂奔
而你歸然不動
在黑中尋找白，在醉中尋找醒

在生的沉著中尋找死的快意
在死亡的快意中尋找永恆的大“道”
一條地平線在遠方
隨你的筆勢而捲曲

在你之外，你是癲狂的
在你之內，你以癲狂重建
世界的秩序和法則
沒有人能瞭解。你以石為兄
你以潔為癖，一種病症：
對冷峻的固守、對清純的固守
成為你一生的痼疾
現實是一雙別人穿過的鞋子
被你一再擦洗，直至磨穿
露出醜陋的面容

飽蘸歲月之墨，時間之墨
心靈之墨，混合著
心血、技藝、情感、記憶
宛如游龍，翩如驚鴻
精、氣、神、韻都融在筆毫裏
玲瓏八面的寫意
砧聲送風，蟋蟀思鳴
宇宙若萍，浮於蒼茫的夜色

多情如月，高掛南樓。在身體之外
人生浮於何處？
手臂揮處，醉意在筆下更濃了
落在紙面上的
是雲、是光、是淡煙、是薄霧
是一團若隱若現，似是而非的生命之質

聞一多治印記

你面對的不是黑夜,而是
石頭:堅硬的石頭,孤寂的石頭
—— 無處下刀
你面對的不是紙張,而是
死水:絕望的死水,無邊無際的死水
—— 無處下筆
你面對的不是饑餓、困苦,而是
一個時代厄運,歷史深處的,時間的厄運
是一個人的,也是所有人的 ——

你在搏鬥,你在反向用力
向死而生。筆劃的轉折處,溢出
一溝死水,彌漫,成為簷前懸掛的雨水
透著絕望,透著憤怒。而粉塵,向身體滲透
成為內心的死亡,你緊抿的雙唇
不願品咂,卻依然嘗到,一股腐臭的味道

運腕直下:你在昆明的街頭

疾行。在人群中疾行，在雨水中疾行
頭髮中隱藏著火焰
一刀頓挫：留下深深的刻痕
隱藏著黎明的餘燼
你在方寸之地，大聲疾呼：
一顆子彈迎面飛來，擊散了你語言
罪惡的子彈，終將在時間裏銹蝕
而真理的言辭，終將匯攏成
永恆的雷霆

你命如火，引燃紅燭的焰芯
你命如電，插入烏雲的鎖眼

你在死亡中下刀，雕刻不朽的言辭

王官谷懷司空圖

落花無言，人淡如菊 ── 司空圖

我在水聲中懷念你。泠泠的水聲
來自幽林之後的源頭，來自
潔淨的文字深處
我在變幻的水光中看見你：人淡如菊

一團變幻不定的影子，淡如舊時的傷痕
淡如一團若有若無的歎息
你衰老的身軀，已然盛放不下
一個日漸崩潰的帝國

悲、哀、傷、悗、辱，　如奔流之水
不可收拾，在身體裏衝突
投入遠處那一地慘綠得
絕望的青草之中。世事傾頹

戰亂，兵火，席捲而過，大風吹拂
林木隨風彎曲，猶如命運之蹇澀

不可捉摸，不可言說
落花因此無語，殘紅零落無序

少而懶散，長而率性，老而迂腐
非濟時之才，非濟世之用。人生就如一場
失敗的戰爭，你不斷撤退，一直退到
山石的心中，退到一粒虛幻的水珠之中

你在勝日裏呼朋引伴
在墓穴裏飲酒
飲生與死的味道，你說：生死一致
其實我們的身體是另一座墳墓
我們也不過暫居在此

真正的快樂來源於
在窄小的庭院，騎鵝而行
猶如帝王，巡行于空虛的王國

正是惜春而春天已過的時節
我來到這裏，帶著一顆空無的心
在蒼木、野草之中站立，在
一片泠泠的水聲中
懷念你 ——

李白飲酒記

你仰首向天，長髮披散如江河，順著
你的頭顱、頸項、肩背
一路流瀉。當烈酒下肚，一澆胸中塊壘
暢快淋漓，則發似激流，沖決而下
當你吟哦晃動，酒入愁腸，百轉千回，不可抑止
則發如漩渦，扭結盤旋，一如命運之結
盤曲纏繞，讓你終身背負在背

杯中無酒，你暢飲明月，飲一泓清輝
舉頭低頭，飲的是長長相思
明月是你的故鄉，故鄉遠在高處
讓你無從歸去。放落人間的大鵬
巨大的羽翼，成為華麗而無用的擺設
拖累著你，蹀躞而行
譏誚與嘲諷，沾滿了你的腳趾
世人皆欲殺，這就是你的悲劇
宏大的理想，成為了空無的海市蜃樓

一生都在逃離，又永遠無法逃離
大道如青天，卻找不到
唯一的出口。你自囚於酒壺
把前路飲成坎坷，把命運飲成起伏
把憤懣飲成長嘯，把鬱悶飲成狂歌
把整個京華冠蓋相續的喧囂
飲成一個人的憔悴
把鏡中的青絲，飲成寂寞的白雪

大江茫茫去不還。你渴飲一江之水
酒氣、劍氣，豪情、才情
化為虹霓，煙雲，彩霞
錦繡了盛唐的天空。這是你的歸宿
江水、清風、明月、夢幻
它們全都收藏了你的影子，清晰如昨
永遠的撈月者呵，騎鯨而去
萬里波濤只留下光亮的痕跡，恍如傳說

霸王祠懷古

力拔山兮氣蓋世 ── 項羽

來到霸王祠裏，仿佛深陷於
琵琶的內部，深陷於一場戰爭的內部
深陷於一首激烈曲子的中央
烽火、征塵、殺伐、彈撥……擊打著
我的身體。在戰慄中，我看到了你
在庭前系馬，在琴弦中洗手
在音符中張開眼睛
張開眼睛中的眼睛，雙重的審視
你仍然看不清，自己的命運

你仗劍而立，仿佛依然在巡視
自己的八千子弟
他們站立在弦上，佩戴羽箭
他們鋒利的靈魂，仍然在江水之東
極目遠處，江水如帶，在指間纏繞
群山起伏，就如戰馬騰躍

仿佛你一聲令下，它們就會奔馳而去

十面埋伏，烏騅悲鳴，我看到你
在一首古老的曲子裏告別
千百年了，你始終在告別
仿佛時間出現了凝滯，就如彈撥的手
出現了短暫而永恆的停頓
虞姬的淚，依然在凝結在臉上

當我在曲廊低首，徘徊不定，而你
在一根弦上苦苦奔走
猶如你的悲苦，雜亂而悽惶
找不到悲壯的結局
扛鼎的力氣，扛不起一個霸氣磅礡的名字
蓋世氣勢，蓋不住歷史一頁紙張的命運

一條弦，就是你無法渡過的江水

訪劉基廟

我推開兩扇，歷史般沉重的門
猶如打開了沉重的典籍
我來到五重門的殿堂，在森嚴的樹影中
我彷彿是像一個詞語，混跡于《鬱離子》之中
我胸懷膽怯，形跡可疑，身份曖昧
不敢聲張，怕驚動身邊的詞語
而在厚厚的冊頁中，我看到詞語背後的人
在落葉和茅廬中，在蒼松和翠柏之中
把功名和富貴，盡化為華蓋山下的浮雲
而心中仍湧動著萬里山河

一座古鐘在廊，敲擊出的回聲
穿過斑駁陸離的樹影
穿過時間的滄桑，依然清晰，依然是
擲地有聲的青銅之音
你的身影依然挺拔，在歲月
刻寫的年輪中，你刻下青松一樣的風骨
也許只有你知道

所謂的世界，不過是眼前的浮雲
所謂的幸福，不過就是松針間漏下的點點陽光

在六百年後我來到這裏
衣著華美，寶馬香車，渾身卻是世俗的
淺薄、低下和灰暗
我不敢開口言說，就像一個
卑瑣的詞語，害怕被高雅的辭章拋棄
在時光背後依然嚴峻的你，我不敢面對
我是一枚小心翼翼的柑橘啊
害怕你一眼看出了我，心靈中的敗絮

弗羅斯特與我

1

他一定在等我，一同前去牧場的

最深處，哪兒有一處泉眼

被落葉覆蓋，他撥開了落葉與枯枝

用蒼老的雙手掬起一捧泉水

讓我啜飲。於是我埋首於他的掌中

輕輕飲水。我鼻孔的氣息吹起細微的漣漪

他手中的水，一點點地從指縫裏漏下

自我寧靜的影子

2

黑夜、馬匹、冰湖、鑾鈴

他站立在一座樹林的面前，注視著

雪花飄飛。而我站在詞語之外

隔著一頁紙張，看到

一片雪花，落到他頭髮的深處

就如落入另一座森林

他注視的這座黝黑的森林，不是他的

也不是我的。雖然我擁有
這本詩集。但我也不能據為己有
在今夜，我們倆都不能入睡
都還要走很遠的路，他得牽著
猶疑不定的馬，沿著
雪花飄舞的道路，一直走下去
我得找一些的清潔的詞語
洗滌我的靈魂

　　　3
他曾面對兩條道路，猶豫不決
他最終踏上一條道路，卻把
生命和夢幻，回憶和遺憾，全都交給了
另一條道路：內心永遠縈回，永難忘記的道路
我也曾面對兩條道路，但我同時踏行：
肉體奔向一條道路
精神奔向另一條。兩條
完全不同的道路
卻都讓我歷經滄桑，遍體鱗傷
而最後，它們都抵達了同一個
錯誤的終點

第四輯　虛幻的王國

虛假的旅程

虛假的出發。告別的手臂
已成風中的蘆葦
告別的話語，已成礫石
在河灘上，滾落，經歷時間的沖刷
我將乘坐虛假的船隻遠行，去一個
毫無目的的目的地。船隻是
一張打濕的舊船票
隨時可能破碎，沉沒
我迎風遠眺，虛假的航線
在前方變幻著微光
虛假的旅程，也許在現實之中
也許在現實之外
也許，只是一個謊言
（一生的謊言，燦爛，光華閃爍
比真實更加真實
在謊言之中，活成了真實的人）
虛幻的終點，若隱若現

也許我的旅行，終究不過是原地踏步

虛幻的國王

我有萬里江山，卻不曾佔有一釐米
我有嬪妃三千，卻不曾愛過其中一個
或者相反，從未有人愛過我
我在位千年，從未年輕，就已經衰老
我頒佈法令，卻是白紙一張
雖有千條萬款，卻不著一詞，詳盡得幾近虛無
我相信，最高的律法只存在於內心
我派遣一萬匹駿馬，接力般傳遞
我的政令，黃金般的言辭（卻如破銅爛鐵）
卻永遠也跑不出我的一間宮室 ——
政令不出一室
也許我的王國，並不需要
就如懲罰，永遠不出內心
我穿著的衣服，是皇帝的新衣
但我不需要那個指正的男孩
他由我自己來充當 ——
我扮演謬誤，我自己指正

反復演練，樂此不疲
我戴著奇怪的王冠，名叫悲傷
我的玉璽，名叫痛苦 ——
我永遠不想握著它，在任一處留下
這王國的印記
我端坐在以並不存在的動物 —— 龍
命名的椅子上 —— 空無的椅子
接受萬千臣民的頂禮膜拜，目空一切
虛幻的臣民山呼：萬歲
我的周圍燃燒起熊熊烈火：我是王
我是那火中之 —— 栗

戀物癖

我熱愛你頭上烏黑的帽子
如雲高聳的帽子
我對帽子下的頭顱，頭顱裏的思想
一律漠視，看不上眼 ——
如果可能，我要以資本，正大光明地
強姦思想，讓你在目瞪口呆中
獲得窺視的滿足，或在一臉正氣，不屑中
暗地手淫，獲得不可告人的快感
或內心的狂歡
我熱愛你的眼影，模糊的一線
我熱愛你華麗的衣服
 ——它高貴、優美、它是
另一個空無的你，離開它
你一無是處
我熱愛你筆挺、緊繃的褲子
它代替你，四處走動，它取走了
你的活力、你的四射青春

它招搖、撞騙、跳躍、狐假虎威
拿雞毛當令箭
雖然它離開了你 ——
就委頓，猥瑣、不堪，——
一如高潮過後，那個中年禿頭的男人
我熱愛你黃金的乳罩
—— 假想的高峰，微型的
喜馬拉雅。其實人們一生都在
攀爬一座虛假的山峰 ——
樂此不疲，直至精力耗盡
我熱愛你性感的丁字褲
（我美其名曰：熱愛感性）
我觸及你的隱秘 —— 你從不示人
真正的隱秘，其實很簡單
就是 —— 少、真實
或者我並未真正觸及，僅僅是
接觸它的面具，就激動不已
不可抑止，一泄如注

我，一個戀物主義者
對一切美的肉體，熟視無睹 ——

畫地爲牢

我並不是一個殘暴的人，相反
我是一個仁慈的老人 ——
祥和、安靜，愛護人民，充滿善意
我以文為號，就是明證 ——
我的王國，廢除監獄
我只是畫一個圓圈
代表監獄 —— 在大地上
圓圈無數，舉步就是監獄
但它是看不見的。即使你身在圓圈裏
你也是自由的，你可以走動，集會
表達自己的不滿，但是不能
走出圓圈，這是我的要求，即使
你走出了那塊地，我敢保證
你也永遠走不出那個圓圈
你走出了一個小圓，你就得到了
一個更大的圓 ——
你永遠都在越獄，但你

永遠都在獄中 ——
（就如人，一生都在刷機，直到把
自己刷成空白）
人生就是這樣，你不要抱怨
你要心安理得，故步自封
你要不斷縮小，直到個人消失
但圓圈也在縮小
在你身上成為一個黑色的痣
帶著火的烙令 ——

落　日

傍晚時分，我們坐著一輛

破舊的長安車，奔馳在鄉間的道路上

我扭頭一望

看見遠處，一顆渾圓的落日

顛簸，時起時伏

苦苦追趕我們的車子

它始終無法追上，又不輕易放棄

它是如此的孤單、痛苦

就像一個棄兒，一個鄉村的棄兒

一個世界的棄兒

跟在我們身後，既想靠近

又不敢靠近，就這樣遠遠地跑著

不離不棄，讓我

欲哭無淚

餵虎記

我餵給老虎九個靈魂，老虎
一口吞下。當它咆哮，九個靈魂
齊齊地一起咆哮。只有一個靈魂在外邊
沉默不語
我餵給老虎以虛空。老虎
一口吞下。它的形體膨脹、膨脹
慢慢消失，虛幻的形體，充塞整個天地
讓我們活在它的身體中
我餵給老虎以火。老虎
一口吞下。一團烈火，燒過它的頭顱
眼睛、肝臟、肺腑
直到它自身成為火 —— 虎火
當它縱身而過，森林燃起
熊熊大火。在焚燒中，森林依然存在
我餵給老虎以水。老虎
一口吞下。它與水相融，相互混合
不斷地癱軟、降低、溶解
最後伏在大地上，像一張透明的虎皮

我拉來一個龐大的鏡子

我喂給老虎以它自己。老虎

相對而立，面面相覷

它們逡巡、試探、小心翼翼

都想吃掉自己，但又無處下口

我喂給老虎以風。老虎

一口吞下。風穿過老虎的身體

老虎還是老虎，風還是風

老虎回頭一咬，如同咬向自己的

尾巴，風閃身避過，冷冷而立

我喂給老虎以墨，老虎

一口吞下。它渾身變得漆黑

但詞語，仍以墨的形式

流動在脈管裏

隱藏在無邊的黑暗中

我喂給老虎以死亡。老虎

拒絕就食。在渾圓的落日之下

它昂頭，張開大口

報以一陣金黃的虎嘯

刺　虎

他把他的生命，鑄成
一把細細的匕首，用鮮紅的血
磨呀磨。血越來越薄
從群山的砧上流下，流下
他跟著自己的血
一路前行。就像革命
血流向那裏，人們就走向那裏
他一直跟著它
直到它在遠處，流成晚霞

他摸了一下，這種鮮紅的顏色
像紅色的地毯，鋪在大地上
他蘸著自己的血
磨心中的憤怒
和仇恨。他總是，磨不幹 ──
他的悲哀，像血一樣紅，他要刺虎
他要用這一把匕首，刺虎

但老虎已消失不見

他抬頭，落日在天空咆哮
如一只巨大的老虎
他瞪視它，在山坡上亂轉
如一個失魂的人
他要刺殺，天空之虎
但他空有憤怒。磨著空無之刀
弓伏著身體，咆哮著
他已是，另一頭饑餓的老虎

虛幻的老虎

我房屋的牆壁上，總會是出現
一隻老虎，一隻虛幻的老虎，我猜想
在牆壁的內部，生活著一隻老虎
一隻巨大的老虎
它漫步、奔跑、倒臥、酣睡、沉思
它活在一個隱秘的世界裏
一個堅實的世界裏
仿佛與我們的世界，毫無關聯
但有時牆壁裏會彌漫
森林裏樹木的氣息
青草濕潤的氣息，夾雜著老虎
口腔大張時，那喉管深處的散發出的
腥臭的氣息
有時颯颯的風聲，在牆壁上掠過
作為一個不切實際的
心不在焉的聽風者
我甚至不明白，那是窗外的風

還是牆壁上的風，還是心裏的風
是現實的風，還是虛擬的風
還是在現實與虛擬之間，吹過的風

牆壁上的老虎，有時會
惡作劇地出現
在我的世界裏，留下蛛絲馬跡
當我拉滅燈光，在陷入黑暗的瞬間
它巨大的面孔，大張著嘴巴
搖晃著，咆哮著
突然出現在牆壁上，讓我
吃驚後退，差點步入陡峭的深淵
在黎明的鳥叫中，我起身
驟然看見，半隻虎腳卡在牆壁間
我揉揉眼，再定睛看去
卻又消失不見，仿佛虛幻和夢影
在下午，雨聲滴瀝
宛如時間連綿不斷，誰也無法
找到其中的空隙
而在牆壁上，我看到屋漏之痕
是老虎的斑紋，奇特、斑斕、靜默
隱約，像古老龜甲上的巫辭
昭示著命運的神秘

等待著先知的片面之詞

老虎藏在牆壁裏，在另一種秩序之中
在另一種想像之中
在另一種遺忘之詞之中，消磨
寂寞和痛苦。它和我隔著石灰：
一種消解本質之白，對峙
但我們彼此不能看見
只有一種張力，在空氣中
隱藏著緊張的弧度。它向壁而嘯
燈光，紛然而下，鏗然落地
我聽到身後的玻璃破碎
但我回頭，鏡子依舊完好無損
只是照見的身體之中，奢侈的靈魂
碎裂不堪。一隻老虎
它以我的陰影為食。一隻老虎
它以我的歎息為食，塑造自己的形體
它的成長，我無從知道
它的威儀，我無從領受
有時我在漆黑的房間裏，發現了
那美妙的、如冬日雪地裏留下的巨大的
梅花形的腳印，我震驚於這神跡
而執迷，而出神，陷入巨大的恍惚中

情欲之虎

這是她的囚室。四周都是
鋼鐵的柵欄
一座假山，裸露幾塊石頭
已經磨得很是光滑。一堆乾草
凌亂地，散亂地，鋪在她的身體之下
她躺著，美好的曲線好看地起伏
那火焰的斑紋，猛烈地
燃燒著。每一條斑紋都熾烈地
燃燒著沉默的肉欲

她起身，在院地團團旋轉
不斷地灑下的尿液
她的吼叫：啊 —— 嗅嗅 —— 啊嗅嗅
沒有同伴能聽到它。在遙遠之地
在孟加拉紅樹林的濕地，那矯健的雄虎
隱藏在叢林深處，沉迷在幽暗的水裏
而她只能逡巡，孤獨徘徊

在明亮陽光下
在眾人目光的注視下
熊熊的肉體燃燒著 —— 寂寞的情欲

哦，偉大的虎，偉大的情欲
是情欲囚禁了猛虎
或是猛虎囚禁了情欲？

暖虎記

唯一的老虎，最後的老虎

強壯如風的老虎

兇猛如火的老虎，老虎一樣的老虎

在神聖的河岸

死去，孤單地死去

它帶著金黑色的條紋 —— 金色痛苦

黑色的死亡，等距離地分割著它的身體

它緩緩地順流而下。河水流動著死寂的悲傷

唯一的老虎孤獨地死去

那個隱藏在蘆葦中的神，頭帶蘆花

那個在河水中眺望的神，眼含黎明

發現了那只死亡的老虎

那只漂流在悲傷之上的老虎

冰冷的老虎

他將它拖上岸，含著礫石的痛苦

撫順它的身體，撫平的紛亂而打皺的皮毛

他用自己的身體，覆蓋著它的身體
他要用自己的體溫，用自己的血液去溫暖
這只老虎，這只死亡的老虎
他覆身其上，就像在覆身死亡之上

一年，風刮著，他溫暖著老虎
二年，雨狠狠下著，他溫暖著老虎
三年，雪下著，他溫暖著老虎
十年，寒霜凝結成悲愴，他溫暖著老虎
十年，他以髮換髮，以皮換皮
他以肉換肉
他以骨換骨，以血換血
他以自己的魂靈，置換它的魂靈
一隻死亡的老虎，進入了他的身體
進入他張開的四肢……

十年後的第一天，萬物生長
朝陽冉冉升起
蘆花搖曳，河水鳴響
一隻老虎醒來，十隻老虎醒來
一百隻老虎醒來
幾百老虎一同在他的身體裏
醒來。一隻老虎，從他的頭顱裏躍出

一隻老虎從他的眼眶裏躍出
一隻老虎從他的腋下裏躍出
一隻老虎從他的胸脯裏，從他肋骨裏躍出
一隻老虎從他的肚腹裏躍出
一隻老虎從他的關節裏躍出……

—— 幾百隻新生的老虎
進入了平原、山嶺、河流、峽谷、森林
自此、生生不息 ——

本詩取材於印度那伽人的傳說。

籠中的鳥

我把一隻鳥兒關進了

鳥籠。鳥兒痛苦、憤怒，無以言表

它在籠中，在橫架上與籠底之間，不停地

飛上飛下，這是它自由高度

它焦躁不安，沒有辦法在一處長久停留

很顯然它無法接受

這種現實，無法接受強加的命運

在接下來的幾天裏

它抗爭：絕食、拒絕喝水、不時地

用它細小的頭，撞擊鳥籠

但它最終安靜下來。屈從於

它的命運。少量進食、少量飲水

有時它也打量我，這個不時投入上好的

食糧、水，逗弄它、囚禁它的人

不悲哀、不憤怒、不沮喪、不痛恨，不感激

它看我，眼睛裏仿佛沒有我

就這樣，它度過一天又一天

一年又一年，安之若素。它的天空
已被藤條分割，但它在內心飛翔
在柵欄的背後，它思考人生
它在有限的空間裏，閒庭信步
有時它還以簡短的鳴叫
溫雅地給我教誨
它囚禁在籠裏，我囚禁在籠外
終於有一天，我為我的所作所為
十分痛悔。雖然我並沒有
向它正式道歉，獲取它的諒解
但我打開籠門，它一飛沖天
矯飛而去。快樂和自由，在太陽的
光線中閃動 ——
它在遼闊的天空飛翔，但我分明看到
它依然帶著，看不見的籠子，在飛

泥 馬

十萬精兵，我的身後
駕風追趕

我跨上泥馬，準備
在命運的路上
望風而逃

我用鞭子，猛抽泥馬
卻一鞭
擊碎了馬的臀部

我用腳，猛踢泥馬
卻一腳
踢碎馬的肚子

我抖動韁繩，催動泥馬
卻一隻下
拉斷了馬的脊柱

我用手，拍打泥馬
卻一掌
拍掉了馬的頭顱

只見它骨碌碌地滾向草叢
馬眼在破碎中
絕望而悲哀地望著我

而的前面，還有一條
滔滔的大河
而我唯一的坐騎
卻已四分五裂

我站在一堆碎片中
站在無數散落的自我中
從未如此感到
孤獨無助

拆　線

醫生在給我胸膛上的

一個傷口，慢慢地拆線

他慢騰騰地從肌肉裏，把線抽出來

他先拆出來的是疼痛，一點一點的疼痛

一絲一絲地隨著線抽走

拆著、拆著,拆著，醫生上了癮：

一個妄想狂，一個強迫症者，無法

停止，他拆走了我的皮膚

他拆走了我的肌肉

他拆走了我的血液

他拆走了我的骨頭，一根根地

撂在垃圾堆裏。現在他拆到了我的心臟

（是誰在我的心臟用白色的粉筆

寫上了大大的“拆”字）

他拆走了我的心跳聲，那些

像魚群一樣的心跳，成群結隊地

遊走。他還沒有停止

一個強拆者，他的手中仿佛
有永遠拆不完的線
最後他甚至在無影燈照射下
拆走了我那看不見的
心靈。現在，他說
“好了，你是一個正常的人了”

就這樣，我帶著空虛的肉體
走在燦爛的陽光下

第五輯

風景與勞作

故　鄉

我向一百座山峰高喊
卻有一百零一座山峰回答

我與十個人喝酒
卻有十一個人共同舉杯

我向二十個親人問候
卻有二十一個親人向我招手

我在三十條河流中洗臉
卻有三十一條河流映出我的面孔

我向四十間老屋拜訪
卻有四十一間房屋向我打開房門

我雙眼流淚
卻流出四行冰冷的淚水

── 哦，那是我的靈魂
另一個我，一直生活在那兒

壬辰臘月 25　雪中

天陰沉。小巷通向黎明
黎明不過是霧霾，霧霾不過是
一張又一張臉
沉入去年，沉入過去式
急雪在天空狂舞，仿佛揮動著
無數的刀斧。而萬物
靜靜等待屠戮的命運
走動的人，流動的車、靜止的樹
高大的建築物，都抽象成
寥寥幾筆的
簡筆劃，在迷蒙的背景中
念家在萬里，歸心無緒，一顆心臟
在胸腔裏碎裂、迸散 ——
另一場紅色的風雪，彌漫在
空虛身體裏：悲從風來，悲從中來
悲從雪來，悲從血來
不可抑止，不可收拾
車停，到站，一個人下車
混入茫茫風雪，瞬間不見人影

新　月

那時我從超市出來
騎車回家。半路上，一輛汽車
斜地裏刺入道路
道路痙攣一下，自行車與我
同時戰慄了一下。我停車前望
大地喧囂如昨，天空向晚
新月如眉，描畫在天
細微、纖瘦、簡潔，淡淡墨痕
呈現出羞澀的弧度，美
令人心疼。它出現在天空
天空就不是一無所有
我不由得駐足觀看，忘了歸程
直到那輛汽車，鳴笛而去
我的靈魂，仿佛才從肉體上驚醒
抬腿上車，我再次仰望天空
新月細如眉線
只是那虛無深處的
天空之眼，我一直沒有看見

飛雲江

也許我是江水，卻在天空流淌
一滴一滴，飛翔的江水①
在天是雲，在蔚藍色中流動著
古老的蒼茫的時光
在詩歌裏，在一本《鬱離子》的典籍裏
它是一粒粒晶瑩剔透的詞語
卻包含著更深遠的意味，就像
一條江水的源遠流長
也許我是雲，一朵飛翔的雲
一朵的雲，又一朵飛翔的雲 排列著
長長隊伍的雲，在大地上飛翔
在地為水，我的飛翔是低的，穿過
落日之眼。一條絲線穿過歲月之眼
穿過文成的卷帙，來到你攤開的手上

也許我是一枚音符，卻在
你的喉嚨裏流淌。帶著我的明淨

我的高遠，我的清澈

一朵飛翔的雲

在喉嚨裏，它只能成為一曲山歌

在油茶和烏柏之間，在清風和明月之間

在新娘的紅顏裏，在燈火中

在 "赤郎" 和 "行郎" 的腳步裏②

是的，當你開口，一朵飛翔的雲不是雲

它是連綿不斷的歌詞

帶著綿綿不絕的愛和情意

是的，一個文成人是有福的，當你彈奏

一條江水不是江水，它是你身體裏

一條復活的弦

①指飛雲江，是浙江文成縣內的主要河流。

②在文成縣佘族婚姻嫁娶中，要長夜盤歌。男方
　請來好歌手 "赤郎 "和 "行郎 "（抬花轎的），
　與女方歌手通宵達旦的對歌。

百丈飛瀑

是誰在群山中寫詩？飄逸、豪放
一波三折，氣象萬千。是誰在用百丈寬的
雪白紙頁寫詩？是誰驅動詞語
像驅動著千鈞巨石，磊落之氣破空而來
而今都散落在荒灘之上？
峰迴路轉，豁然開朗之處，是誰
蘸著天空的雷聲寫詩？寫浩浩蕩蕩的風雲
寫滄海桑田？在如簾的紙張背後，可是時間的容貌？
是誰的硯臺，深逾百丈？一點古老的遺墨
是否深過千年的光陰？
一躍而上，有崖塗轟立眼前，是誰
手握如峰的巨筆，蘸著如海的煙雲寫詩？
寫裂空而來的閃電，寫漫天而來的飛雪
是誰在寫詩，在將胸中的萬丈豪情，盡化為
這百丈的珠玉長卷？是誰有如此雄大氣魄
他寫詩，寫人間的美景
讓天空閱讀，讓群山傾聽

讓我這前來的小詩人，甘願做它詩篇中的
一個詞語，一滴小小的水珠

　　注：百丈飛瀑在浙江省文成縣，由一漈、二漈、
　　　　三漈形成的瀑布群，人雲："一漈百丈高，
　　　　二漈百丈深，三漈百丈寬。"

木棉辭

1

所有的風吹向它，所有的光集中它
所有的冥想朝向它
所有仰望的臉龐，同時被它點燃

四個黎族女子，站在木棉樹下
四個的春天的女子
來自光，來自潔白的雲朵
來自明亮如鏡的水田，來自清清的泉水
她們流淌，向著未來的方向

2

她們站在阡陌上，站在交織的
光線裏，如同站在五線譜裏
她們就是音符，就是神吐露的言辭

我看到她們，在木棉樹下
仿佛來自久遠的夢境，火紅的夢境

我不敢輕易靠近

我只屏息聆聽，那天籟之聲 ——

仿佛整個世界的美，瞬間，在迎風散開

　　3

所有音符都向上飄升

來自鼻腔的音符①

飄上木棉　的頂端，成為花

成為一杯一杯的紅色的醇酒，成為愛

在陽光下鳴響

所有的愛上升，愛，一旦沖出身體

它們就在最高處，開成

一樹繁花

　　4

血液在樹幹裏流動

最終像噴泉

猛然噴放在，高大木棉的頂點

像噴泉

在我們的頭顱之上，乍然開放

最高的血液

在高處沉默地喧響

使我們心靈震動，深深敬畏

　　5
也許我要這樣描述木棉花
它們在綻放
在光禿禿的枝丫，它們

不要綠葉陪襯。它們在空氣中
雕刻自己，就如一種寫作
丟掉了虛飾與偽裝，直入人心
木棉，把自己的花朵直接裸露出來
就像一個人，怒放的靈魂

　　6
木棉：讓朝霞焚毀靈魂的碎片
木棉：讓天空打開
木棉：讓雷霆震裂烏雲的峽谷

木棉：讓鮮血化為花朵
木棉：鑄劍為犁，讓箭翎化為樹枝②
木棉：舉起聖餐的酒杯啜飲烈士之血
木棉：綻開黑暗，讓黎明起航
木棉：讓不息的生命燃燒起灼灼光華

注：

①鼻簫，是黎族富有特色的邊棱氣鳴樂器，用鼻
孔吹奏。

②傳說黎族英雄吉貝，被敵人射殺，身軀化為木
棉，箭翎化為樹枝，鮮血化為花朵。

霸王嶺之夜

夜色湧起，從幽暗而深邃山谷中湧起
從世界的邊緣，從邊緣的邊緣，從沉默中湧起
我不前行，也不後退
我不驚詫，也不歡喜
我的身體慢慢地，與它們融合在一起

在這裏，我要與隱秘的黑暗
安靜地呆上一會兒

踏　火

木柴在堆積，火在降落
生命在飛翔

一塊一塊的木頭壘起
粗糙的歲月；銅枝鐵杆裏呈現
堅韌和歷經滄桑的命運
一雙一雙手舉起來，大海的手指
沾著明亮的水滴
咸澀的夜色和晶瑩的鹽滴

一雙一雙大腳在舞蹈
原初的音樂，來自大地的中心
最深沉的，最深厚的力
沿著足底上升
在身體中游走，在舞動中噴薄而出
一根一根的竹竿在聚攏，分開
在交擊、在撞響
在空空中傳達，永恆的聲響

再不用在痛苦的紋線中辨認彼此的臉
再不用在火光中殘存晦暗的氣息
火喲，燃燒的火 ──
燃燒的火焰，來自熄滅的灰燼
生命的尊嚴，來自克服死亡的恐懼

木柴在堆積，火在降落
生命在飛翔
讓我們彼此從唇邊，摘取火焰
讓我們抬著神像，抬著古老的面容
踏火而過，踏火而過……

飲　水

在木棉花下，在昌江之畔
清清的泉水
來自白日的夢境
我們俯身，輕輕地掬起一捧
那白日的夢幻，我們不能貪求

只能啜飲一小口，僅僅一小口，就足以
讓我們身體，泛出異樣的光澤
足以讓我們向神靈靠近
而更多的夢幻
從我們的指縫中，一點一滴地回歸大地
流向更加久遠的未來

清清的泉水，來自白日的夢境
我們的雙手浸入水中，浸入它的明淨之中
我們觸摸到古老的歷史
古老的根
在歲月的深處，輕微的顫動

清清的泉水，來自白日的夢境
我們掬起一捧
我們的面孔，映入古老的影像中
瞬間，我們就成為了我們自己的祖先

埋　井

第一個人帶來泥土
第二個人帶來石頭和堅硬的心
第三個人帶來鐵鏟、鋼釬和暴力
第四個人帶來謊言和欺騙

他們走在同一條道路上，懷揣
同一個目的：在村口，一口廢棄的井
被苔蘚、刺蓬、蒺藜、落葉
覆蓋，難以看見。但
它張著口，就是一個危險的存在
裏面的水，是柔軟的舌頭，仍然
在深處翻卷、蕩漾，說著不為人知的話

他們鏟起泥土，投入井中
他們撬動石頭，投入井中
他們捧出謊言，投入井中

投入大地的口中，投入直立的喉嚨
發出沉悶的回聲，苦澀的回聲
含混不清的回聲
在黑暗之中回蕩，回蕩

嘉峪關

一彎殘月，懸掛在嘉峪關的上空
孤寂、清冷，徘徊不定
他的光芒，如粉，如塵，如一團淡淡的
彌漫在心中的霧，舉頭，低頭均是

對故土的思念。一彎殘月
就像一個正欲出關西去的過客，猶豫不定
回望雄關，漠漠的風，把他的
衣衫吹成寒霜

雄關如鐵，高標百尺，孤獨而沉默
荒原如掌 ——
一隻巨大的手掌，攤放在大地之上
道路盤曲如掌紋，如隱如現
人生，是一個人的遠旅，如何能夠
在空無之中，尋出
自己的道路，走出自己的迷宮
身上地圖，字跡模糊，殘缺不全

寒鴉一飛而去，不見蹤影
一個站立的人
思念如石，滴淚成沙

出關、入關，一念之間
發如白雪，面如寒橘 ── 時光已然蒼老

與天空拔河的人

在大雨之中
在大雨之中空曠的野地裏
一個站立的人、一個孤獨的人、一個隻身出走的人
在與天空拔河。他拉起萬千條雨水的繩索
拔河，以唯一的生命，以一顆
在大雨中等待淋濕的靈魂
與天空拔河 —— 每一根雨水的繩索
仿佛就要斷掉，但始終沒有斷掉
　（他也許沒有想過，一旦雨絲斷掉，天空
是否會急速退去，消失不見
而自己是否也會不斷地倒退，退入
大地的深處）

他與天空拔河，腳釘在地上
他與烏雲拔河，與閃電拔河，與雷霆拔河
他與天空的空 —— 拔河
他面對的是龐大而虛無的天空

就像我們面對命運一樣
拔河，隻身一人的拔河。青草、岩石、山巒、坡地
都不能幫助他，都緊緊地為他攢緊了拳頭
拔河，是他一個人的戰爭，一個人的拔河
也許他會耗盡汗水、淚水、血水

與天空拔河，多麼悲壯而無奈
一個人在野地裏，與天空拔河，他挽起
萬千條雨水的繩索，拔河，他堅持了這樣久
天空也沒有將他拉動半分
一個在雨水中與天空拔河的人，就像
一滴淚水，在大地的臉龐上，在與
黎明的眼眶拔河
在大雨之中，他仍然站立不動

我們看到他渺小、細微的力量
將雨水的繩索，拉得筆直

斬瓜記

1

斬瓜的人提刀而立

他矮小、粗壯

挺著鼓鼓的肚子，滿臉胡茬續寫著潦草

潦草的人、潦草的身、潦草的心

他穿著圓領汗衫 —— 破洞、斑點、汙跡

破敗的人、無賴的生

他的刑場：

一塊木板，散亂鋪著幾張

廢舊的報紙。啊，他以整個喧囂的現實的世界

作為他行刑的鋪墊和陪襯

2

他舉刀，卑微的身體藏著一顆兇狠之心

一個西瓜被押解於前，面縛歸死

他以惡為斬

他以圓為仇

斬瓜：斬老父輾轉臥床的病根

嶙峋雙手上空置的，欲飲難飲的藥碗

斬瓜：斬一紙離婚書上

渾圓的，殷紅如血的，欲滴未滴的圖章

斬瓜：斬小女披頭散髮

俯首吞聲，欲落未落的淚珠

斬瓜：斬辛勞的汗滴 ──

他在背上煮鹽，欲幹未幹的汗滴

　　3

斬瓜：斬酒醉之號啕

斬飲恨之唏噓

斬路燈之躊躇，斬夜路之崎嶇，斬庭院之空落

斬內心之荒蕪，斬歲月之連綿

他斬月成鉤

斬日成暮

他斬人生為衰敗

他斬死亡為墓地

他斬圓滿為空缺，斬圓融為憤懣

他斬圓潤為枯滯，斬圓熟為生澀

斬生活之機敏圓通為笨拙固執

斬坦道為斷途……

他也是自己的行刑者

4

在無人之處，他斬開自己 ——
身體一分為二
一半是痛，一半是苦

他揮刀，一斬而過
瓜分開，誰的頭顱為之一痛？

無處安放在的考桌

我只需要一小塊指甲，安放公平
我只需要一小塊耳蝸，安放呼聲
我只需要一支鋼筆尖，安放愛的黃金
我只需要一個眼窩，安放淚水

我無處安放的考桌，無處
安放的動盪、漂泊、汗水，無處
安放的歧視，無處
安放的故鄉的月亮、青草，無處
安放的出租屋的艱辛的四壁

一滴眼淚，一滴
從童年到少年，從少年到青年的
眼淚，十二個寒暑，四千多個日夜熬制的
眼淚，四處流浪的渴望的眼淚
找不到一張紙片，寫下自己的報名表
表格，全都是命運的柵欄

無處安放的考桌，閒置成
祖祖輩輩的棺材
經過父親的痛苦，母親的辛酸
浸泡，長出怨恨的木耳
在未來的時光中

洗玻璃的人

他吊在玻璃外牆上
就像是一滴汗珠，吊在一根光線上
他在下降，握緊繩索
陽光強烈，我看不到他的臉
我能感受到，他是在把生活的鹽度
一點一點地輸進一座大樓裏
此時，太陽，緩緩地落下
最終成為大地的心臟
而他在高處，在無處落腳的地方
落腳。多麼孤單
一個水桶，掛在腰間，桶裏蕩漾的
是古老的河流。是一個人的
渾濁的命運，他始終無法穩住

一張抹布，握在手上。在 30 米的高度
他小心翼翼地擦著世界的面孔
一條繩索，吊在雲朵上
他卑微的重量，一滴汗珠的重量
將天空拉低了一寸

在腳手架上仰望天空

躺在腳手架上，我仰望頭頂上的天空
天空真是空啊，浩大，了無邊際，深不可測
就像從前我從山頂上，向下探望峽谷
那樣懷著深深的恐懼
天空，是高處的深淵
我雙手反過來，緊緊扣住身下的木板
我擔心，一不小心，我就會一頭栽進
它無邊的空曠和虛無中
就像我一頭栽進我們邈遠的命運中
天空中的白雲，一朵接著一朵
就像是誰，塗在牆上的灰漿，一塊接著一塊
誰是天空的打工者？他是否擁有
我同樣的命運？我的辛酸和痛苦？
我的夢想和青草一樣的希冀？呵，他是否
擁有我一樣嫻熟的技藝？揮舞磚刀
像揮舞一枚閃電？在天空之上
他是否是另一個我？在腳手架上

仰臥著，在勞動間隙，我在高處休息
放下瞬間的勞累，面對天空，背負大地
我反著雙手，緊緊地扣住木板
不敢稍有鬆懈，緊緊地，在最危險的高處
扣住我最低處的，最卑微的生活

刷牆工

我把灰漿塗上牆，一點一點
耗費自己的時間和生命
我將自己的一部分，都慢慢地融進了
這雪白的牆中。這些灰漿和漆
將會成為他們家庭的背景，他們不會
感到我的存在。而我會透過
這些石灰、這些膩子粉、這些油漆
注視他們。在他們漫長的生存過程中
我都通過這些，秘密地參與其中
參與他們的一切事件
並最終成為他們歲月中的一部分
甚至我的艱辛和勞苦
都會在他們生活中，成為久遠的暗記
而他們一無所知……

身體裏的花園

1

身體的花園月色黃昏，暗香浮動
一管細細的簫聲是你的睡眠

疏枝橫斜，一朵花深入春天的腹部
深入一滴，心靈的持久之露

身體裏花園微微開啓門扉
吐露午夜潮濕的夢境

小徑上懸浮的琴聲，雨後的彈撥
把你帶入往日的歌謠

誰觸動了身體裏啞默的血，突然喧響
驚醒的力量在夢中飛翔

首先是愛，然後是美，歡悅和憂傷
身體的花園是你全部的秘密

在花朵和花朵中間，是蝴蝶在飛
是距離在積聚更深的期待

    2
身體裏的花園在春光中醒來，把美留住
這一刻，請你做一個幸福的園丁

讓風吹起，讓你的身體
充滿無限的馨香

這一刻，在隱秘的愛中耽擱一瞬
你將會看著幸福的一生

舊日的流星河，花瓣雨飄落
誰穿著一襲歌聲，在午夜裏燦爛

這一刻，你要做一個幸福的人
夜裏，請把你的歡樂告訴陌生人

明月將要刻下不朽的諾言
一把雨夜的琴，取出全部的聲音

這一刻，你要把你的夢拆散

分給那些路燈下徘徊的，不眠的人

　　3
明月的樓閣，高於叢林，霧氣，星辰
像迷夢中的海市蜃樓

身體裏的花園在秘密中敞開
潔白的蝴蝶，在空氣中繡滿圖案

從一個心靈到另一個心靈
中間的距離，是不是寂靜的閃電

身體裏的花園熠熠閃爍，像
一個放縱光華的，額角的燈

連綿的閃耀，是誰的臉龐
高過了我們的仰望和青草的火焰

身體裏的花園，被愛支撐，在高處
要用無限的熱情去澆灌

要小心的呵護，他一旦墜毀
你要承接生命裏全部的悲愴和傷害

4

身體裏的花園潛藏，只有自己才能
洞悉它內在的結構和組織

一朵微笑是羞紅的玫瑰
一個揮動的手勢，是清新的水仙

一個輕嗔是含苞欲訴的櫻桃
一個側風伴影的身姿是獨語的幽蘭

身體裏的花園在星光中睜開
惺忪的睡眼，他將復活你

全部的愛和驚喜，身體外的人
將離你並不遙遠

即使一切都已靜息，那芬芳的
香氣，也將打開翅膀飛翔——

抬著身體在思念的氛圍裏
在沉重的露水中，不舍晝夜